EXPOSITION

DE 1800

—

XLII

COLLECTION

DES

LIVRETS

DES

ANCIENNES EXPOSITIONS

DEPUIS 1673 JUSQU'EN 1800

EXPOSITION DE 1800

PARIS

LIEPMANNSSOHN, ÉDITEUR

11, rue des Saints-Pères

JANVIER 1872

NOMBRE DU TIRAGE

DU LIVRET DE 1800.

375	exemplaires	sur papier vergé.
25	—	sur papier de Hollande.
10	—	sur chine.

N°

Ce livret est vendu seul 4 fr.

NOTICE BIBLIOGRAPHIQUE.

Livret :

Deux éditions : La première a 90 p. et 651 n^{os}; la seconde renferme un supplément de 6 p. et a par conséquent 96 p. et 1001 n^{os}. Les numéros de chaque série du livret commencent toujours à la centaine. La peinture va ainsi de 1 à 387; la sculpture (p. 69) de 400 à 451; l'architecture (p. 79) de 500 à 516; la gravure (p. 83) de 600 à 651. Pour le supplément la peinture commence à 700 et va jusqu'à 725; la sculpture 800 et 801 ; l'architecture 900 et 901 ; enfin la gravure 1000 et 1001.

Critiques :

Journal de Paris : 15 fructidor an VIII et 4 vendém. an IX (vers sur un tableau de C. Vernet).

(Esménard). Sur le salon de l'an VIII, 30 p. In-8°, dans le *Mercure de France*.

Landon (Ch. Paul). Explication des ouvrages du salon de l'an VIII. In-12.

Le verre cassé de Boilly et les croûtes en déroute

ou nouvelle critique des objets de peinture et sculpture exposés au salon, en prose, en vaudeville et en vers. Paris, exposition de l'an IX. 1800. In-8°.

(F. F.). Observations critiques sur quelques-uns des tableaux les plus remarquables de l'Exposition par ordre de numéros. Paris, Aubry, s. d. In-8°.

Gilles et Arlequin au Museum. A Paris, de l'imp. de Jusseraud. In-8° de 15 p. N°s 1 et 2. fig. gravées.

Jocrisse dans le Museum des Arts, ou critique-folie en prose et en vaudeville, des peintures, sculptures, gravures, dessins, etc., qui y sont réunis. A Paris, à l'Œil parfait, de l'imprim. de Gouache. Exposition de l'an VIII. 16 p. In-12 (en prose et vers).

Arlequin au Museum, aimez-vous les portraits, on en trouve partout. Prix : 6 s. ou 30 c. In-12, 24 p. (s. l. n. d.) avec un frontispice gravé à l'eau forte, représentant Arlequin (en prose et en vers).

Le tableau des Sabines exposé publiquement au palais national des Sciences et des Arts, salle de la ci-devant Académie d'Architecture, par le Cen David, membre de l'Institut national à Paris. De l'imprimerie de Didot, an VIII, 16 p.

L'exposition de 1800 a en outre été l'objet de deux gravures représentant chacune deux côtés du Salon carré du Louvre pendant l'Exposition. Ces estampes à l'eau-forte, assez noires d'aspect, portent ce titre : « Vue des ouvrages de peinture des Artistes vivans, exposés au Musée central des Arts en l'an VIII de la R. F. — Dessiné et gravé par Monsaldy et Devisme. »

On nous a assuré que les mêmes artistes avaient reproduit d'autres Expositions de cette époque; mais nous n'avons pu en retrouver l'indication exacte et le Cabinet des Estampes n'en possède pas d'exemplaire.

EXPLICATION

DES OUVRAGES

DE PEINTURE ET DESSINS,

SCULPTURE,

ARCHITECTURE ET GRAVURE,

DES ARTISTES VIVANS,

Exposés au Muséum central des Arts, d'après l'Arrêté du Ministre de l'Intérieur, le 15 Fructidor, an VIII de la République Française.

Le prix de ce Livret est de 75 centimes.

A PARIS,

De l'Imprimerie des Sciences et Arts,
rue et butte des Moulins, N° 500.

An VIII de la République.

AVIS.

Afin de prémunir le Public contre l'abus qui existe au-dehors du Muséum, où l'on *revend* ce Livret au-dessus de son prix, l'Administration prévient qu'elle ne le fait débiter que dans l'intérieur du Musée.

Elle annonce aussi que, dans la même intention, elle a établi sur le pallier du grand escalier, près la porte du Salon, des préposés attachés au Musée, auxquels on peut avec sûreté confier les *cannes*, *sabres*, *manteaux*, *parapluies*, qu'il est nécessaire de déposer avant d'entrer.

AVERTISSEMENT.

Ce Livret contient quatre divisions *indiquées en titre, ainsi qu'au haut des pages, par l'un de ces mots :* Peinture, Sculpture, Architecture, Gravure.

Les Dessins sont compris dans la division de la Peinture.

Dans chacune des quatre divisions, on a placé par ordre alphabétique le nom des Artistes.

Le nom cité en tête de la notice des ouvrages d'un Artiste, indiquant assez qu'ils ont été faits par lui, on s'est abstenu de toute autre explication.

S'il existe dans ce Livret des omissions de prénoms, de demeure, du lieu de la naissance de l'Artiste, du nom de son Maître, ainsi que sur la propriété *de l'ouvrage, c'est que l'omission existait dans la notice envoyée.*

Les retards trop habituels dans l'envoi des ouvrages

et même des notices, pourront nécessiter un supplément; dans ce cas, le Lecteur observera que les plus hauts numéros sont ceux qu'il faut chercher dans la partie additionnelle qui se trouve à la fin du Livret.

EXPLICATION

Des Ouvrages de Peinture, Sculpture, Architecture, Gravure, Dessins, Modèles, etc., des Artistes vivans, exposés dans le Salon du Musée central des Arts, le 15 Fructidor an VIII de la République.

PEINTURE.

Abel (Louis), né à Liancourt, élève
du C. Guérin,
rue du Helder, ci-devant cul-de-sac Taitbout, n° 4.

1. Trois portraits en miniature, dont l'un du Citoy. Hugot l'aîné, artiste du Théâtre Feydeau.

Alexandre (Louis), né à Reims, département
de la Marne,
rue du Renard Sauveur, n° 20.

2. Portrait du général Grouchy.
3. Portrait de l'auteur.

Allin, élève de Baltazard, né à Stenay,
dép. de la Meuse,
rue des Blancs-Manteaux, cul-de-sac Pecouay.

4. Plusieurs portraits peints, sous le même n°.

Ansiaux (J.), né à Liége, dép. de l'Ourthe,
élève de Vincent,
rue d'Angivilliers, n° 155.

5. Portrait en pied de Mlle M..., artiste du Théâtre-Français de la République.

Aubry (Louis), né à Paris, élève des Citoyens
Vincent et Isabey,
rue Neuve des Petits-Champs, n° 40.

6. Deux portraits en miniature.

Augustin (Jean-B.),
place des Victoires, n° 15.

7. Un cadre renfermant diverses miniatures.

Augustin dit Dubourg.

8. Une femme à sa toilette. Miniature.

Auzou, née Desmarquest (Mme), élève
du C. Regnault,
rue d'Anjou, au Marais, n° 11.

9. Le portrait en pied du C. Regnault.
10. Un portrait de femme, préludant sur le piano.
11. Un autre portrait de femme.

Bacler Dalbe, né à S.-Paul, dép. du Pas-de-Calais,
peintre et ingénieur géographe.
Rue des Moulins, n° 542.

Tableaux à gouache.

12. Paysage ovale, avec figures.

13. Deux paysages, sous le même n°, vues d'Italie.
14. Vue du glacier de la Drance, près du grand Saint-Bernard.
15. Vue de la caverne de Balme, dans le Mont-Blanc.
16. La bataille de Lodi.
17. Le passage du Pô.

Ces deux tableaux ont été peints en Italie, sous les yeux du général Bonaparte, à qui l'auteur était attaché. Ils faisaient partie de la collection de Batailles, dont les dessins ont été enlevés à l'auteur, lors de la retraite de Milan.

Barraband, né à Aubusson, dép. de la Creuse, élève du C. Malaine,
quai des Ormes, au coin de la rue des Nonandières.

18. Une corbeille de fleurs, avec un vase d'or, posés sur une table de marbre.

Ce tableau appartient à l'auteur.

Bertaux (Jacques),
rue de Fourcy, n° 7.

19. Bataille de Pultava, gagnée par le czar Pierre-le-Grand, sur Charles XII, roi de Suède, Histoire de Charles XII, par Voltaire.
20. Attaque d'un convoi par des hussards,

Bertin (J.-V.), né à Paris, élève de Valenciennes,
rue Montmartre, n° 253, près le passage du Saumon.

Tableaux, Paysages.

21. Site romantique, éclairé à l'heure de midi, figures et animaux sur différens plans.

22. Un paysage éclairé au matin. Sur le premier plan deux bergers, Daphnis et Philis, prétendent au prix du chant; le vieux Palémon est leur juge.

23. Un intérieur de forêt, soleil couchant; sur le devant, un tombeau; deux époux y conduisent leur fils.

24. Deux pendans ronds : une matinée et un soir.

25. Deux petits tableaux faisant pendans : un abreuvoir, et l'extérieur d'un parc.

Dessins.

26. Dessin sur papier de couleur : site pittoresque.

27. Deux autres, faisant pendans : une entrée de forêt et un clair de lune.

Berthon, élève de David,
rue des Droits de l'Homme, n° 55.

28. Un portrait d'homme.

Bertrand (Guillaume), élève de Carle Vanloo et Hallé,
rue du Marché-Palu, près le Petit-Pont, n° 9.

Tableaux.

29. Une vue du Petit-Châtelet, prise du côté du nord, et d'un troisième étage.

30. Un héron mort, suspendu à une ficelle.

Besson (Alex.-Ch.), inspecteur des Mines,
rue du Coq-Honoré, n° 122.

31. Quatre dessins de cartes topographiques, dont trois de pays couverts de rochers et de montagnes; la quatrième, d'un port de mer.

Mme *Binart* (Adélaïde), femme Lenoir,
née à Paris.

32. Portrait du C. Sage, démonstrateur de chimie à la Monnaie.

Boessey (Mlle), née à Lisieux, départ. du Calvados,
élève du C. Corneille Van Spaendonck.
rue de Varennes, n° 460.

33. Un dessin à la gouache, représentant des fleurs dans une corbeille posée sur une table de marbre.

Boguet, peintre français, établi en Italie.

34. Vue du lac de Nemi, près de Rome, prise au soleil couchant.

Boilly (Louis),
rue du faubourg Denis, près le Boulevard,
la 2e porte cochère à gauche.

35. Un intérieur d'atelier de peinture.
36. Une femme assise près d'un poële, occupée de son ménage.
37. Portrait du C. Boïeldieu, compositeur.
38. Un trompe l'œil.
39. Plusieurs portraits, sous le même n°, faits chacun en une séance de deux heures.

Bonnemaison,
au jardin des Capucines, en face le Panorama.

40. Etude d'après nature.

Une femme âgée et son petit-fils, après avoir perdu leur fortune, et par suite leurs amis, se trouvant dans l'impossibilité de gagner leur vie, sont contraints d'implorer la pitié des passans.

41. Un portrait.

Bonvoisin (Jean), né à Paris, élève de Callet, Doyen, et à Rome, sous la direction du C. Vien,
au Palais national des Sciences et des Arts.

Tableau allégorique.

42. L'Homme délivré de l'esclavage.

Comme ce n'est qu'à l'aide de la Raison et du génie de la Liberté, que l'Homme, asservi par le Despotisme, peut retrouver dans la Nature ses droits usurpés, et sortir enfin de l'esclavage, le peintre a tâché de rendre sensible, par une allégorie, cette vérité à laquelle nous devons notre révolution, en représentant l'Homme esclave, conduit vers la Nature par la Raison et le génie de la Liberté; la Nature lui montre les Droits de l'Homme; la Raison les lui fait connaître, en soulevant le bandeau qu'il a sur les yeux; et le Génie de la Liberté lui donne la force de briser ses fers. Le fond représente le séjour de la Nature, et les quatre Elémens y sont indiqués par un volcan en éruption, un aigle planant dans l'air, une chûte d'eau, et diverses productions de la terre.

Ce Tableau est un des travaux d'encouragement décrétés par l'Assemblée constituante.

Boquet (Pierre-Jean), né à Paris, élève de Le Prince, chez le C. Schall, au Palais national des Sciences et des Arts.

43. Deux paysages faisant pendans.
44. Une forêt avec figures et animaux; sur le devant, des femmes se disposant à entrer dans l'eau, un homme les observe sans être vu.
45. Un site montagneux, avec chûte d'eau, des voyageurs, un pâtre; et, sur le devant, plusieurs figures et animaux.

Ces tableaux appartiennent à l'auteur.

Bosset (Jean-Frédéric), Quai des Orfèvres, n° 24.

46. Un cadre renfermant plusieurs portraits en miniature.

Bouché (L.-A.-G.), élève de David, Faubourg Montmartre, à la Boule rouge.

47. Un spartiate, donnant des armes à son fils, lui fait jurer, devant ses Dieux pénates, de défendre sa patrie.

Bouchon, rue des Fossés-du-Temple, n° 134.

48. Le portrait de Thomas Tomé, grenadier.

Bouilliard,
rue Thomas, n° 720.

49. Quatre portraits à la gouache.

Bounieu (Emilie), Mlle, élève de son père,
rue de Paradis, n° 55.

50. Hélène, occupée à broder, voit arriver Laodice.
51. Une tête de jeune garçon. Miniature.

Bourgeois (Constant), né à Guiscard,
départ. de l'Oise,
au Palais national des Sciences et des Arts,
pavillon du Télégraphe.

52. Six dessins du Panorama, ou vue de Toulon et de ses environs, au moment du départ de l'escadre commandée par Buonaparte, pour l'expédition d'Egypte. Le vaisseau amiral est encore à l'ancre, signalant les différentes divisions.
Ces Dessins appartiennent à l'auteur.

Bourgeois (Charles), élève du C. Kimly,
né à Amiens,
rue des Moulins, n° 530.

53. Plusieurs portraits et têtes d'étude, sous le même numéro.
54. Portrait du citoyen Josse, chimiste.
Nota. — Ce portrait a été peint avec les couleurs fabriquées par le C. Josse, chimiste de la Manufacture de Porcelaine de la rue Amelot, n° 9.

Broc, élève de David,
chez le C. David,
au Palais national des Sciences et des Arts.

55. L'Ecole d'Apelles.
Tableau de 4 m. 70 c., sur 4 m. 28 c.

Brun (Nicolas-Antoine), né à Beauvais,
élève du C. Vincent,
rue de Tracy, n° 6.

56. Portrait d'un jeune homme, dans son cabinet, tenant une lettre.

57. Une jeune personne agenouillée et distraite, faisant l'offrande d'un cierge à S.-Nicolas.

Bruyère (Mme), élève du citoy. Lebarbier, son père.

58. Portrait du citoyen Lebarbier.

59. Trois autres portraits, sous le même numéro.

60. L'Amitié qui console l'Amour.

61. Deux miniatures, sous le même n°.

Buguet (Henri), né à Fresne.

62. Un portrait en pied, représentant le Cit. Campan fils.

Callet,
Membre de la ci-devant Académie de peinture,
au Palais national des Sciences et des Arts.

63. Tableau allégorique du 18 Brumaire an 8, ou la France sauvée.

Nota. — Ce Tableau ne sera exposé que peu de jours, l'auteur s'occupant à l'exécuter en grand.

64. Une esquisse de la bataille de Maringo.

Un portrait, sous le même numéro.

Capet (Gabrielle), Mme, née à Lyon, élève de Mme Vincent, ci-devant Guyard, cour du Palais national des Sciences et des Arts.

65. Portrait de Madame D...,, tenant son enfant dans ses bras.

66. Portrait de Mademoiselle Mars aînée, artiste du Théâtre de la République.

67. Portrait du C. Houdon, sculpteur, membre de l'Institut national, travaillant un bronze de Voltaire. Miniature, quart de nature.

68. Portrait d'une femme âgée tenant un livre.

69. Plusieurs portraits, sous le même n°.

Caraffe (A.), élève de Lagrenée, place de l'Estrapade, n° 979.

Tableau.

70. L'Amour abandonné de la Jeunesse et des Grâces, se console, dans le sein de l'Amitié, des outrages du Temps.

Deux esquisses.

71. La mort de Philopemen, au C. Chenard.

72. L'Espérance soutient le malheureux jusqu'au tombeau.

73. Plusieurs portraits, sous le même n°.

Dessins.

74. 1. Une esclave apporte à une dame du Caire, le

pain quotidien que son amie lui a laissé en mourant, dans l'intention, par ce bienfait, en apparence léger, de se rappeler tous les jours à son souvenir, et de la garantir du besoin dont la plus brillante fortune ne met pas toujours à l'abri.

75. 2. Un Musulman, dans un naufrage, cherchait à diriger la planche sur laquelle une mère effrayée flottait au hasard avec son enfant. Cette infortunée, incertaine du dessein de son bienfaiteur, lui emporte le pouce d'un coup de dent. Celui-ci, malgré l'excès de la douleur, lui pardonne sa méprise et la sauve de la fureur des flots.

76. 3. La prison, les supplices.

77. 4. Le salut, les devoirs de l'hospitalité.

Le tout appartient à l'artiste.

Castellan, élève du C. Valenciennes, rue de Grammont, n° 21.

78. Vue de la ville d'Athênes et de ses principaux monumens, prise de l'entrée des Jardins de l'Académie.

C'était dans les Jardins de l'Académie que Platon donnait ses leçons à ses disciples. — Diogène apporte, sous son manteau, un coq en vie et sans plumes, et le jette au milieu de l'assemblée, disant : Voilà l'homme de Platon. Il voulait démontrer que la définition que Platon avait faite de l'homme (un animal à deux pieds, sans plumes) n'était pas exacte. (Voyage d'Anacharsis, 2e vol.).

79. Deux études faites d'après nature, à Luciennes.

Cazin (Jean-Baptiste-Louis), né à Paris,
élève du C. Jollain,
au Palais national des Sciences et des Arts.

80. Vue de l'intérieur d'une grande voûte sur le bord de la Seine, communiquant de la première arche du pont Notre-Dame, à celle du pont au Change. Sur la gauche, un percé de ciel laisse apercevoir les anciennes tours du palais de Justice.

81. Vue d'une partie de l'église des Bernardins de Paris, et de diverses constructions subsistantes avant son entière destruction.

Ces deux Tableaux appartiennent à l'auteur.

Challiou (P.-J.),
cloître Benoît, n° 350.

82. Deux dessins faisant pendans, sujets tirés de l'Enéide.

1. Hélène, s'étant retirée dans le temple de Vesta, pendant l'embrasement de Troyes, est secourue par Vénus, au moment où Enée allait l'immoler à la vengeance de sa patrie, dont elle avait causé les malheurs.

2. Enée et Didon, étant à la chasse, sont surpris par un orage; ils se retirent dans la même grotte. Aussitôt les célestes feux éclairent leurs amours et servent de flambeau à l'Hymen.

Chancourtois Beguyer (Louis),
élève du C. Peyre,
rue Sulpice, n° 565.

83. Vue du pont et du temple dit de la Sybille, à Tivoli.
84. Deux tablettes renfermant douze petites vues de Rome, de Naples et des environs.

Charpentier (Mme),
rue du Théâtre-Français, n° 17.

85. Portrait de Mme Delille, artiste de l'Odéon.
86. Portrait d'une petite fille.
87. Plusieurs portraits, sous le même n°.

Chatillon,
rue Florentin, n° 6.

88. Une tête d'expression, grande miniature.
89. Plusieurs autres portraits en miniature, sous le même numéro.

Mme *Chaudet*,
place du Muséum.

90. Un déjeûné d'enfans.
91. Une petite fille jouant avec un chat.
92. Une jeune femme occupée à coudre.
93. Deux portraits, sous le même n°.

Cloquet (Jean-Baptiste), né à Fontainebleau, professeur de dessin à l'Ecole des mines,
élève des citoyens Rousseau et Lespinasse,
rue du Vieux-Colombier, maison dite des Orphelins.

Dessins sous le même n°.

94. 1. Deux morceaux lavés à l'encre de la Chine, représentant les projections perspectives de différens solides réguliers, et de leurs ombres causées par la lumière du soleil.

2. Vue générale de la Vallée des lacs de Natron, de celle du fleuve sans eau, et d'une partie du désert de Lybie. La base de ce dessin est d'environ 2400 mètres; il est fait de réminiscence, et d'après le mémoire du général Andréossi.

3. Vue du couvent cophte, appelé Zaïdi et Baramons, situé dans la vallée des lacs de Natron.

4. La vue d'une partie du Delta et de la mosquée d'Abou-Mandour.

Nota. — Ces deux dernières vues ont été faites d'après les croquis dessinés sur les lieux en 1777, par l'auteur.

Colon, né à Vézelay, départ. de l'Yonne,
rue du Temple, n° 39.

95. Vue des ruines du Château d'Harcourt.

Nota. — Voyez ce qu'en dit le C. Bernardin de St-Pierre, dans ses Etudes de la Nature.

96. Effet de nuit.

Collot, élève des CC. Vincent et David,
rue de Varennes. n° 426.

97. Un tableau, grand paysage.

Combette (Joseph-Marcellin), né à Nozeroy,
élève du C. Dejoux,
rue Poupée, n. 13.

98. Deux portraits d'homme, sous le même n°.

Courteille,
cour Abbatiale, n° 1129, faubourg Germain.

99. Sapho à Leucade, déplore l'insensibilité de Phaon.
Ce tableau appartient à l'auteur.

Crépin (Louis), né à Paris, élève du C. Regnault,
rue Neuve des Bons-Enfans, n° 6 et 1312,

100. Une figure d'étude de grandeur naturelle, représentant Io (Métam. d'Ovide).
101. Un port de mer où l'on voit des vaisseaux en construction, un atelier de sculpteurs, où plusieurs sont occupés à travailler la figure qui doit orner la proue d'un vaisseau du premier rang.
102. Un site montagneux, le matin : on voit sur le devant des pêcheurs qui débarquent les poissons que des femmes se partagent.

Dabos (Laurent), né à Toulouse,
élève du C. Vincent,
rue de la Loi, vis-à-vis celle Villedot, n° 1256.

Tableaux.

103. L'Infortune.
104. Une marchande de poissons, tenant à sa main une anguille.

105. Portrait du C. C.... fixant avec satisfaction le buste du héros de la France.

106. Portrait du C. Crétu père.

Les deux premiers tableaux appartiennent à l'artiste.

Dalvimart (Octavien), né à Paris.

107. Divers dessins faisant partie d'une collection qui devait servir au Voyage pittoresque de l'Empire ottoman.

Mme *Davin* (née Mirvault), née à Paris, élève des CC. Suvée et Augustin, rue des Filles-St-Thomas, n°s 3 et 56.

Miniatures.

108. Un enfant dans un paysage.

109. Une jeune personne affligée du sort de Clarisse, dont elle lit le testament.

Tableaux, Portraits.

110. Un tableau de famille.

111. Portrait de la C[ne]...

112. Portrait de la C[ne]...

Delarive (Pierre), né à Genève, rue de Cléry, n° 95.

113. Un intérieur de village.

114. Le devant d'une auberge.

115. Vue de la vallée de Salenches, près du Mont-Blanc.

116. Vue de la vallée de Feverges, dans le Mont-Blanc.

117. Deux dessins. Paysages.

Demarne, né à Bruxelles, ci-devant agréé
de l'Académie de peinture.

Tableaux.

118. Des animaux.
119. Une grande route.
120. Une grande route.
121. Un âne mort.
122. Une bataille.
123. Une scène de voleurs.

Deperthes (Jean-Baptiste), né à Reims,
élève du C. Valenciennes,
rue Pavée André-des-Arts. nº 1.

124. Le lever de la lune, paysage.

Deshayes (Jean-Eléazar), né à Paris,
élève de Schmidt,
rue Rochechouard, nº 660.

125. Un paysage représentant une offrande à Cérès.

Devouge, élève des CC. Regnault
et David.

126. Plusieurs portraits, sous le même nº.

Doix (François-Joseph-Aloyse), né à Paris,
âgé de 23 ans,
rue Nicaise, nº 9.

127. Un paysage, soleil couchant.
128. Deux paysages, soleil couchant, et soleil levant.
129. Deux paysages, d'après nature.

Mme *Doucet Suriny*, née à Lyon,
boulevard St-Martin, n° 70.

130. Un cadre renfermant plusieurs portraits en miniature.

Droling, né à Oberbergheim,
rue de la Révolution, à côté de la Marine, n° 686.

131. Portrait d'une jeune femme faisant sécher des plantes.
132. Un musicien ambulant.
133. Un jeune homme lisant la Bible à une fenêtre, par laquelle on voit une partie de la place Vendôme.
134. Portrait de l'auteur.

Dumont (François), né à Lunéville, élève de Girardet,
aux Galeries du Muséum, rue des Orties, n° 5.

135. Un cadre renfermant plusieurs portraits en miniature, entr'autres celui du C. Duvivier, graveur de médailles.

Dumont (Nicolas-Antoine), né à Lunéville,
élève de F. Dumont, son frère,
faubourg Poissonnière, n° 20.

136. L'adjudant-général Doucet, chef de l'état-major de la place de Paris.
137. Portrait d'homme.

Dunouy, élève de Briard,
faub. Denis, au-dessus de la foire Laurent,
n° 55.

138. Plusieurs études d'après nature, prises à Villers-Paul et Hyères.

Duval (Eustache-François), élève de Hue,
rue Louis, près le Palais de Justice, n° 5.

139. Un paysage et animaux.
140. Plusieurs portraits, sous le même n°.

Favart (Mme), élève du C. Bachelier,
rue du Lycée, n° 1086, au Palais du Tribunat.

141. Portrait de feu le C. Favart père, composant sa comédie de l'Anglais à Bordaux. C'est à l'instant où il trouve les vers suivans :

Tandis que tristement ce globe qui balance
Me fait compter les pas de la mort qui s'avance,
Le français, entraîné par de légers désirs,
Ne voit sur ce cadran qu'un cercle de plaisirs.

142. Le portrait de Mme de Montalembert posant deux vers au buste de son mari.
143. Portrait en pied du C. N.....
144. Plusieurs autres portraits sous le même numéro.

Fleury, élève du C. Regnault,
rue de Chartres, n° 347.

145. L'enlèvement d'Hélène du temple de Diane, par Thésée et Pirrithoüs.

Foisil (Zosime-René),
rue neuve de la Fontaine.

146. Paysage historique, sujet tiré de l'opéra d'Anacréon.

C'est le moment où Anacréon fait embarquer le jeune Olphile, pour le soustraire aux fureurs et aux poursuites du roi Policrate dont il a épousé en secret la fille nommée Anaïs. Elle est sur le devant du tableau, saisie de crainte et de frayeur, pressant tendrement entre ses bras un fils, fruit de ses amours.

Fontaine (Jean-Michel-Denis, dit la),
né à Rambouillet,
rue Honoré, n° 22, près la barrière des Sergens.

147. Vue ajustée des tombeaux du troisième acte de l'opéra de Roméo et Juliette, au théâtre Faydeau. Gouache, figures par Mongin.

Appartenant à l'auteur.

Forbin (Auguste), né à Aix, élève du C. David.

148. Un paysage.
149. Un intérieur de chapelle.

Fragonard fils,
aux Galeries du Louvre.

Dessins.

150. Le portrait de la C^{ne} D...
151. Un tableau.

François (Charles-Philibert), né à Châlons-sur-Marne,
place de l'Ecole, n° 44.

152. Portrait de l'auteur, à gouache, et verni.
153. Tête de femme, à gouache, sans vernis.
Cette tête appartient à l'artiste.
154. Un petit portrait d'homme.

François (H.-F.),
né à Luxembourg,

155. Trois petits portraits sous le même numéro.

Freund (Ph.),
rue Xaintonge au Marais, n° 13.

156. Deux petits paysages.

Garnerey, né à Paris,
rue du Croissant, n° 18.

157. Portrait en pied du C. D..; genre flamand.
158. Deux bustes ovales, sous le même n°.

Garnier (Etienne-Barthélemi),
né à Paris,
au Palais national des Sciences et des Arts.

159. La consternation de la famille de Priam après la mort d'Hector.

Achille, vainqueur près des sources du Scamandre, retourne au camp, traînant à son char le corps d'Hector dans les rangs des grecs, accourant en foule pour contempler cette victoire. Quelques-uns, ne pouvant se contenir, outragent les restes de celui qui eut la gloire d'embraser leurs vaisseaux.

Les cris et les gémissemens dont retentit la ville de Troyes, ont redoublé l'inquiétude d'Andromaque. Suivie de deux femmes et de son fils Astyanax, elle court et monte sur le rempart, au-dessus des portes Scées, s'avance au milieu des soldats, dirige de tous côtés ses regards : elle aperçoit le char et les rapides coursiers traînant le corps de son époux devant les murailles! Aussitôt ses yeux se couvrent d'un épais nuage; elle tombe évanouie entre les bras de ses femmes, qui s'empressent de la secourir; les soldats même lui rendent des soins.

Hécube, succombant à sa douleur, reste abattue sur les degrés du rempart, persécutée par l'image de la barbarie exercée sur ce fils qu'elle vient de voir périr victime de son courage. Elle avait épuisé les plus touchantes prières pour l'engager à ne pas s'exposer seul contre Achille.— Hector, mon cher fils (s'était-elle écriée, en découvrant son sein inondé de larmes), rappelez-vous avec quels soins j'appaisais vos cris dans votre enfance : rentrez dans nos murs, et, par pitié pour moi, dérobez-vous à cet ennemi implacable. Elle déchire ses vêtemens et s'arrache les cheveux. Sa fille Laodice la presse dans ses bras pour modérer les transports de son désespoir. Assise aux pieds d'Hécube, Polyxène, la plus jeune de ses filles, absorbée par le pressentiment des suites d'un tel événement, paraît une victime dévouée aux manes d'Achille.

Pâris, cause de cette guerre, se détourne et se couvre les yeux pour échapper aux reproches de tout ce qui l'environne.

Priam, saisi de trouble et d'indignation, veut descendre pour aller réclamer le corps de son fils. Il s'oppose aux conseils de ses amis, qui s'efforcent de le retenir. Laissez-moi (dit-il) sortir de ces murs : j'irai seul supplier cet homme terrible, dont la fureur n'a point de bornes; mon extrême vieillesse lui rappellera peut-être le souvenir de son père, et lui inspirera du respect et de la compassion.

Panthéus, prêtre d'Apollon, est aux pieds de Priam, et l'arrête par son manteau : Antenor représente à ce père infortuné les périls auxquels il va livrer sa personne et tout son peuple. Auprès, sont Ucalégon, Clytius, fils de Laomédon. Cassandre, éperdue, ne pouvant obtenir de confiance, se précipite sur les genoux de son père pour lui fermer le passage. Polydamas et un autre chef de Troyens se prosternent devant lui, et le supplient de ne pas les abandonner. (Iliade, Chant XXII.)

Ce tableau, de 6 m. sur 4 m. 30 c., appartient au Gouvernement.

Garriques, élève du C. Vincent,
rue de Bourgogne, n° 1465.

160. Un portrait. Dessin.

Gaudar (Alphonse), né à Bourges,
élève du C. Vincent,
rue Caumartin, n° 23.

161. Ciparisse, jeune chasseur de l'île de Cos, pleure un faon qu'il chérissait, et qu'il avait tué par mégarde. (Métamorphoses d'Ovide.)

Gautherot (Claude), né à Paris,
élève de David,
rue de la Vrillière, maison de l'Envoi des lois.

162. Pyrame et Thisbé. (Métamorphoses d'Ovide, livre 4.)

Ce tableau appartient à l'auteur.

163. Portrait du Citoyen ...., hussard de Chamboran.

Genain,
aux ci-devant Carmes de la place Maubert.

Dessins à l'aquarelle.

164. Les ruines d'un château d'eau et d'un aqueduc.
165. Un parc.

Genillion, dessinateur des côtes de la marine,
au Palais national des Sciences et des Arts.

166. Vue du château St-Ange, au moment où les Français l'occupaient.

Cette vue est prise au-dessous du port de Ripeta : dans le fond on voit le dôme de St-Pierre, le Vatican jusqu'au Belvedere.

Girodet, élève du C. David,
au Palais des Sciences et des Arts.

Tableaux.

167. Portrait du C. B...
168. Portrait de Mme...
169. Un jeune enfant étudiant son rudiment.

Dessins.

170. Un cadre renfermant cinq dessins, sujets tirés de l'Andromaque de Racine.

1. Oreste vient, de la part des grecs, demander à Pyrrhus qu'il lui livre Astianax.
2. Entrevue d'Oreste et d'Hermione.
3. Pyrrhus ordonne à Andromaque d'aller l'attendre au temple où il doit l'épouser.
4. Hermione abandonnée de Pyrrhus, le menace de sa vengeance.
5. Oreste, après avoir tué Pyrrhus par l'ordre d'Hermione, se présente à elle : Hermione lui reproche son crime.

Ces dessins appartiennent au C. Didot aîné, et sont destinés à la nouvelle édition in-folio des Œuvres de Racine qu'il prépare, actuellement sous presse.

Godefroy (Marie-Eléonore), née à Paris, élève d'Isabey, et enseignant le dessin dans l'institut de Mme Campan, à St-Germain-en-Laye.

171. Portrait d'une jeune personne à son piano. Dessin.

Granet (Marius), né à Aix,
élève de David,

172. Trois intérieurs d'églises souterraines.

Greuze (J.-B.),
rue Basse-Denis, n° 14.

173. Le départ pour la chasse.

Portrait du C.*** et de sa femme, dans un paysage.

Deux tableaux faisant pendans. Même numéro.

174. Un enfant hésitant de toucher un oiseau, dans la crainte qu'il ne soit mort.
Une jeune femme se disposant à écrire une lettre d'amour.

Ces deux tableaux appartiennent au Cit. de l'Epine, horloger.

175. Portrait. Une jeune fille préludant sur un forte-piano.

176. Deux portraits d'hommes. Même numéro.

177. Trois têtes de différens caractères. Même numéro.

La peur de l'orage.

La crainte et le désir.

Le sommeil.

178. Deux pendans. Même numéro.

L'Innocence tenant deux pigeons.

Une jeune fille bouchant ses oreilles pour ne pas entendre ce qu'on lui dit.

Guérin (Jean), né à Strasbourg,
quai Voltaire, n° 13.

179. Deux portraits, sous le même numéro.

180. Un cadre renfermant plusieurs miniatures.

Harriet (Fulcran-Jean), élève du C. David, et pensionnaire de l'École des arts, à Rome, rue Germain-l'Auxerrois, n° 13.

181. Virgile mourant.

Virgile mourut dans cet âge où l'homme de génie peut le mieux produire des ouvrages parfaits, les forces de l'imagination étant balancées par un jugement sain et un goût épuré. Ses derniers soupirs furent des pensées poétiques.

L'auteur suppose que la Parque, ennemie du genre humain, se fit un jeu cruel de le ravir avant qu'il eût terminé son Enéïde, un des chefs-d'œuvre de l'esprit humain. Calliope ne pouvant retenir son âme et son génie, est prête à s'envoler en faisant un cri douloureux.

182. La mort de Raphaël, dessin allégorique.

Raphaël, peintre célèbre, aimait beaucoup les femmes. S'étant livré inconsidérément au plaisir, il tomba malade, et s'obstina à taire la cause de son mal. Les médecins de ce tems-là ne surent pas la deviner, et le saignèrent. Il en mourut âgé de 36 ans, laissant imparfait son admirable tableau de la Transfiguration, qui fut terminé par son élève Jules-Romain.

Ce dessin est l'esquisse d'un tableau que l'auteur doit faire pour pendant à la mort de Virgile. Il existe une grande conformité entre ces deux hommes célèbres. Leurs ouvrages sont pleins de correction, de simplicité et de grâces. Tous deux ont laissé imparfait un chef-d'œuvre de leur art.

183. Un portrait de femme.

Hemon (Jean-Marie), élève du C. Hue,
demeurant rue Antoine, n° 1.

184. Un paysage orné de figures et animaux.
Ce tableau appartient à l'auteur.

Hennequin (Philippe-Auguste), de Lyon,
élève du C. David,
rue de Vaugirard, n° 820, aux ci-devant Carmes.

185. Les remords d'Oreste.

La longue absence d'Oreste du palais de son père, lui avait facilité les moyens de rentrer dans Argos sans y être reconnu. Comme étrangers, Pilade et lui visitant les lieux chéris de leur naissance, arrivent près d'une fontaine. Là, ils aperçoivent une personne accablée par l'affliction et la douleur; ils s'approchent d'elle et Oreste lui demande des nouvelles d'Agamemnon, Clytemnestre son épouse, et d'Electre, leur fille chérie : il va même jusqu'à en demander d'Oreste. C'est alors que les larmes coulèrent de ses yeux et la firent reconnaître à son frère qui ne tarda pas à se découvrir pour le fils d'Agamemnon. Electre lui apprit aussitôt les malheurs qu'elle avait éprouvés, et l'affreux parricide que Clytemnestre avait commis sur son mari pour épouser Egyste son amant. Livré à la douleur la plus profonde, excité par la vengeance que sa sœur alimente, Oreste prépare tout pour immoler Clytemnestre aux manes d'Agamemnon. Déjà le moment est arrivé : la main d'Oreste a frappé...... Clytemnestre n'est plus!...... Ce crime, qui révolte la nature, les lois et les Dieux, trouble sans cesse le repos d'Oreste. Poursuivi par ses remords, qui le chassent et le retiennent, déchiré par les furies qui l'accablent de coups, il ne peut se cacher à lui-même. Sans cesse une d'elles est occupée à lui montrer le poignard encore plongé dans le sein maternel, spectacle affreux que lui seul aperçoit, qu'il voudrait éviter, mais que le sort le condamne à voir, jusqu'à ce que les lois d'Athènes l'aient absous de son crime.

Ce tableau a 5 m. 2 déc. de large, sur 3 m. 8 déc. de hauteur.

Hilaire Ledru,
rue des Fossés-Montmartre, n° 33.

186. Étude d'une Querculane.

Nymphe des bois, dont la vie est attachée à celle des chênes, à la conservation desquels elles président particulièrement.

C'est avec d'inutiles efforts que celle-ci voudrait ne point se séparer de son écorce frappée par la foudre.

187. Portrait du ci-devant chevalier de Boufflers.

188. Portrait de Mme St-Aubin.

189. La mort de Latour-d'Auvergne.

Ce dessin est un prix d'encouragement obtenu en l'an 7.

Honnet, élève de Regnault, et pensionnaire de l'école des Beaux-Arts.

190. Pyrame et Thisbé reconnus par leurs parens.

Hue.

191. Vue de la ville et du port de Granville, assiégés par les Vendéens, au moment où ses habitans dévouent la basse ville aux flammes, pour en chasser les rebelles.

Ce tableau appartient au Gouvernement, et fait suite à la collection des ports de la République.

192. Vue du goulet de la rade de Brest, prise au soleil couchant au moment d'une tempête.

193. La vue d'un phare à la mer par un tems calme au clair de la lune. On y voit des pêcheurs occupés à faire cuire du poisson.

194. Un paysage agreste; on y voit Œdipe et Antigone traversant un torrent sur un pont de bois.

195, La vue d'un bois.

Huet (J.-B.), membre de la ci-devant Académie de peinture, né à Paris, élève de feu J.-B. le Prince, au Palais national des Sciences et des Arts.

Tableaux.

196. Deux moutons.

197. Vue d'un étang; on voit sur le devant des laveuses.

198. Vue d'un four de Bougival, au soleil couchant.

199. Un pâtre gardant son troupeau.
200. Un paysage.
201. Deux petits tableaux d'animaux, sous le même numéro.

Dessins.

202. Gouache représentant une étable.
203. Une marche d'animaux, dessin lavé à l'huile.
204. Vue d'un chêne d'après nature.
205. Dessin d'animaux et figures.
206. Un jeune taureau.
207. Trois paysages d'après nature, sous le même numéro.

Huet (Villiers), né à Paris, élève de son père,
au Palais national des Sciences et des Arts.

208. Un cadre renfermant différens tableaux et portraits en miniature, savoir :
209. Une famille préparant des fleurs pour une fête.
210. Une femme se reposant au pied d'un arbre.
211. Une femme assise sous des lilas dans un jardin anglais.
212. Une autre, *idem*, à l'entrée d'un bois.
213. Autres portraits.

Jousselin (Michel), né à Versailles,
élève de la Nature,
rue de Grenelle-Honoré, no 26.

214. Un paysage représentant l'extérieur d'une ferme, à l'entrée d'une forêt.

Feu *Julien* (Simon), de Toulouse.

215. Titon et l'Aurore, au moment où la Déesse sort des bras de son époux pour commencer dans son char sa course qu'elle parsème de fleurs.

Nota. Ce tableau avait été fait pour la réception de l'auteur à la ci-devant Académie de peinture, dont il était membre agréé; les circonstances avaient changé sa destination.

Il est à vendre. S'adresser au C. Turrel, notaire, rue des Prouvaires, près St-Eustache.

216. Jupiter endormi dans les bras de Junon sur le mont Ida.

217. Figures académiques, sous le même n°, l'un un Bacchus et l'autre un berger.

Dessins.

218. L'Etude qui repousse le Sommeil.

219. Vénus blessée par Diomède.

220. Le *Quos ego* de Virgile, ou colère de Neptune contre les vents.

221. Moïse recevant les tables de la loi sur le mont Sinaï.

La Coupie (Marie-Philippe-Coupin), né à Sèvres, élève de Le Guay et Girodet, rue du Bacq, n° 558.

222. Deux dessins, sous le même n°.

Lafond, jeune, élève du C. Regnault, rue Helvétius, n° 61.

223. Supplice de Sextus Lucinius.

Comme Marius sortait de sa maison, pour

prendre possession de son septième consulat, il trouva, sur son chemin, un sénateur nommé Sextus Lucinius; il le fit prendre et précipiter de la roche Tarpéienne.

Appian ajoute, que la femme de ce sénateur se dévoua au même supplice, par amour pour son mari, et par haine pour les férocités de Marius.

Dans ces temps de calamités publiques, les femmes et les enfans n'étaient point épargnés. (Plutarque, Vie des Hommes illustres).

Lagrenée (Jean-Jacques), le jeune, né à Paris, élève de Lagrenée l'aîné, son frère.

224. La muse Erato, tableau sur marbre.

225. La Victoire et la Paix, tableau collé sur glace, les bordures décorées d'ornemens sous glace.

226. Frise en marbre, représentant deux Renommées.

Cette frise est faite par un procédé de l'invention du C. Lagrenée. Il consiste à faire sur marbre, en incrustation, toute sorte de dessins, d'une manière presqu'indestructible et qui peut, par conséquent, aller à la postérité la plus reculée. Une partie des belles inventions des plus célèbres peintres de la Grèce, nous aurait sans doute été transmise par ce moyen, tandis qu'elles sont détruites.

227. Une esquisse représentant un triomphe.

228. *Idem*, représent. les enfans de Niobé, tuées par Apollon et Latone.

Lagrénée (Athelme-Franç.), fils de Lagrénée l'aîné, né à Paris, élève de Vincent.

229. Portrait d'un commissaire de marine.

230. Deux portraits d'homme, sous le même numéro.

231. Un portrait de femme.

Peinture sous glace.

232. Un Grec conduisant un char orné de panneaux d'arabesques sur fond d'or.

Ce genre de peinture peut s'adapter à toutes sortes de meubles, tels que cabarets, guéridons, frises d'appartemens, de voitures, etc.

233. Un cadre contenant des miniatures et des camées.

234. Dessin à la sépia, rehaussé de blanc.

Un jeune Grec a été attaqué par un tigre; il est entraîné sur un pont trop faible, par son cheval effrayé, qui tombe dans un torrent où se désaltéraient deux lions qui se jettent sur lui. Le jeune homme reste suspendu aux débris du pont; le tigre, blessé, furieux, cherche à s'élancer sur cet infortuné.

Mme *L. G.*

235. Un tableau peint à l'huile, représentant des ustênsiles de ménage.

Landon, élève de Regnault, pensionnaire de l'école nationale des beaux arts,
au Palais national des Sciences et des Arts.

236. Un sujet pastoral.

Laneuville (J.-L.),
hôtel Longueville, rue Thomas-du-Louvre.

237. Un portrait de famille, ovale.

Mme *Laville Le Roulx*, (M.-G.), femme Benoit,
élève du C. David.

238. Portrait d'une négresse.

Laurent (J.-A.), né à Bacarat, département
des Vosges,
rue Nicaise, n° 487.

239. Portrait en pied d'une femme portant son enfant. On la suppose aller au-devant de son mari, qu'elle est sensée apercevoir dans l'éloignement.

240. Portrait d'un enfant, sous la figure de l'Amour, se cachant avec ses armes dans le calice d'une rose.

241. Portrait d'un jeune homme.

Mme *Lebrun* (Rosalie), femme Vaysse,
élève d'Isabey,
rue J.-J. Rousseau, hôtel Bullion.

242. Un cadre renfermant plusieurs portraits en miniature, parmi lesquels se trouve le sauvage de l'Aveyron.

Le Carpentier (L.-Benjamin), élève
du C. Callet.

243. Un paysage.

Leclerc, de Charmes, départ. des Vosges (J.-C.).
Il a étudié seul jusqu'à présent.
rue Dominique, n° 1514.

244. Un cadre renfermant les portraits en miniature de l'Auteur de la manière d'instruire les aveugles, d'une dame et de l'artiste.

Leguay (Etienne-Charles).

245. Plusieurs portraits en miniature, sur porcelaine de la manufacture de Dihl, et sur ivoire.

Mme *Leguay* (née Victoire Jaquotot), née à Paris, élève de Leguay.

246. Deux études et un portrait. Dessins, sous le même numéro.

Le Jeune, Aide-de-camp du général Berthier, élève de Valenciennes.

247. Vue, d'après nature, du siége et de l'embrasement de Charleroi.

Le 7 Messidor an 2, on amena dans la tranchée ouverte devant la ville de Charleroi, un ballon captif qui, monté à une très-grande hauteur, servit à découvrir toutes les dispositions des assiégés pour la défense de la place.

Ils furent tellement découragés de voir que, par le moyen du ballon, les Français avaient acquis, en lisant pour ainsi dire dans leur pensée, le moyen de déjouer les mesures que leur fournissait l'art trompeur de la guerre, que le commandant se vit forcé d'obéir à la sommation qui lui fut faite de se rendre sur l'heure à discrétion.

Le général en chef Jourdan, exigeait la prompte reddition de la place, avec d'autant plus de rigueur, que le ballon lui signalait, dans le même instant, l'arrivée d'un corps d'armée considérable, qui cherchait à faire lever le siége, et qui, en arrivant, trouva non-seulement la place rendue, mais encore que l'on avait pris toutes les mesures qui ont assuré la fameuse victoire de Fleurus, remportée le lendemain par 60,000 Francais, contre 80,000 Autrichiens.

C'est aux soins et au zèle du savant chimiste Guyton de Morveau, alors représentant du peuple, que l'on doit l'heureux emploi de l'aērostat, comme machine de guerre, pour tenir lieu, avec l'avantage de la mobilité, des tours ou élévations que le général d'armée désire toujours trouver près d'un champ de bataille.

Depuis cette époque, peu de généraux ont voulu se servir du ballon. Cependant, pour prouver les grands avantages de cette machine, qui met à même de combiner les mouvements d'une armée d'après ceux de l'ennemi, il suffit de comparer deux armées à un jeu d'échecs, et dire : Que serait ce jeu, si un joueur ne voyait que sa partie?

Le Monnier, né à Rouen,
peintre d'histoire,
au Palais national des Sciences et des Arts.

248. Un portrait en pied.

Lemoine, né à Rouen, élève de Latour,
rue Thévenot, n° 2.

249. Portrait du ministre de la marine.
250. Portrait de l'auteur.
251. Plusieurs portraits, sous le même numéro.

Lespinasse (L.-N.), membre de la ci-devant
Académie, né à Pouilly, département
de la Nièvre.

252. Vue intérieure de Paris, prise de la maison ci-devant Montbarray, à l'Arsenal.

Cette vue représente l'entrée de la rivière dans la ville, le quai St-Bernard, le pont de la Tournelle, partie de l'île de St-Louis, le quai des Célestins, l'île Louviers, etc. Elle fera suite à celles déjà connues et gravées par le Citoyen Berteaux.

Leroy (F.), né à Liancourt,
élève du C. Vien,
rue Villedot, n° 704.

253. Un capucin posant des scapulaires à des jeunes filles.
254. Portrait en pied du C. Lefêvre.

Mlle *Lorimier* (Henriette), élève
du C. Regnault,
rue Fromenteau, n° 196, maison de C. Pajou.

255. Une tête d'après nature.

Mme *Lousier* (née M.-S. Coutouly) de Paris,
élève du C. Regnault,
rue du Temple, n° 24.

256. Un cadre renfermant plusieurs miniatures.

Mallet (Jean-Baptiste), né à Grasse,
département du Var, élève de Simon Julien,
rue du Marché-neuf, n° 28.

257. Un tableau représentant un antiquaire.

Marbel (Jean), né à Paris, élève de Greuze,
rue Meslée, n° 75.

258. Trois portraits, sous le même numéro.

Marchais (Pierre-Antoine),
rue de l'Eperon, n° 2.

259. Un paysage et des ruines.
260. Deux vues du bois de Boulogne, sous le même numéro.

Mlle *Mayer*,
rue de la Loi, n° 904,

261. Portrait en pied d'un homme à son bureau.

Dessins à la manière noire.

262. Une femme assise sur un banc, fond de paysage.

263. Un jeune homme représenté en chasseur.

Maupérin,
rue et place de l'Estrapade, nº 13.

264. Un portrait d'homme.

Menjaud (Alexandre), né à Paris,
faubourg Poissonnière, nº 6.

265. Ctésias régnait à Samos. Un prince de sa famille, dévoré d'ambition, parvient à le renverser du trône et à s'y asseoir. Pour assurer son autorité, il le fit jeter en prison avec ses deux enfans, et les condamna à périr. Ces infortunés viennent d'entendre leur arrêt; ils sont dans l'attente de la mort; le bruit des verroux se fait entendre, la porte s'ouvre, leur supplice est prêt.

Meynier (Charles), élève du C. Vincent,
au Palais national des Sciences et des Arts.

266. Télémaque, pressé par Mentor, quitte l'île de Calypso, en se dégageant des bras de la nymphe Eucharis qui cherche à le retenir auprès d'elle.

Dans le même instant, Calypso arrive de la chasse, accompagnée de plusieurs de ses nymphes. Elle est témoin des regrets des deux amans; une jalousie terrible et concentrée se peint sur son visage.

Ce tableau appartient au C. Fulchiron.

267. Polymnie, muse qui préside à l'éloquence; elle est représentée à la tribune, un diadême est sur sa tête, un sceptre est à côté d'elle.

268. Érato, muse qui préside à la poésie lyrique; elle est représentée par une jeune fille couronnée de fleurs; elle trace, avec une des flèches de l'amour, des vers qu'il semble lui inspirer.

Ces deux derniers tableaux servent à compléter les neuf Muses, dont trois ont été exposées il y a deux ans.

Mme *Michaud* (Joséphine-Antoinette), femme Lodin, élève du C. Letellier, rue Taitbout, n° 14.

269. Portrait d'homme.

Michel, né à Paris, élève de Taunay, rue Lenoir, n° 467.

270. Un convoi militaire.

271. Une halte de cavalerie.

Mongin (P.-A.), né à Paris, rue de Sèvres, n° 1104.

272. Marche d'artillerie traversant un gué.

Ce tableau appartient à l'auteur.

273. Une scène imitée de la Philosophie du bonheur.

274. Le passage du Danube par l'armée française, le 30 prairial an 8.

Ce dessin appartient au général Moreau.

Monsiau,
rue neuve des Petits-Champs, n° 26.

275. Adonis partant pour la chasse.
Vénus ne voulant pas se séparer de son cher Adonis, et pressentant les dangers qu'il va courir, employe et prières et caresses pour le retenir auprès d'elle.

276. Éponime et Sabinus. Esquisse.
C'est le moment où cette vertueuse femme vient rejoindre son mari dans le souterrain où il s'était caché après la bataille qu'il perdit contre Vespasien.

Mme *Morin*, élève du C. Lethiers,
rue neuve Augustin, maison des Petites-Affiches.

277. Une femme assise dans un jardin. Dessin.
278. Une femme tenant un enfant. Miniature.
279. Une tête, portrait à l'encaustique.

Munié (André-Jacques), élève du C. Demarne.

280. Un paysage d'après nature.
281. Un petit tableau représentant un enfant, et une femme brodant à une fenêtre.

Noel, élève des citoyens Silvestre et Joseph Vernet,
rue du Foin, n° 255.

282. Dix gouaches. Marines, dont plusieurs sites sont pris sur les côtes d'Espagne et de Portugal;

Savoir :

283. Un clair de lune et une neige.
284. Une tempête.
285. Un calme.
286. Un coup de vent, dans une rade.
287. Un brouillard.
288. Un incendie.
289. Un gros tems de nuit, en pleine mer.
290. Engagement de plusieurs vaisseaux.
291. Vue du port et de la ville de Malaga.
292. Vue de l'intérieur du port de Lisbonne.

Ces deux vues font partie des ports d'Espagne et de Portugal, dont une partie est déjà gravée.

293. Un naufrage.

Pajou fils, né à Paris, élève du C. Vincent, aux Galeries du Muséum, n°. 21.

294. Portrait, grandeur naturelle, de Mlle. ***.
295. Portrait du C. A***., grandeur naturelle.

Dessin.

296. Portrait du C. P***. P.

Pallière (Etienne), élève de Vincent, rue de la Révolution, n°. 7.

297. Le rosier défendu.

Parant (Louis-Bertin), rue des Prêtres, n°. 46.

298. Un cadre renfermant plusieurs camées.

Pellier, élève du C. Regnault,
rue Martin, nº. 325.

299. Portrait d'un enfant.

Petit, (Pierre-Joseph), élève du C. Hue,
rue de l'Echiquier, nº. 36.

Paysages.

300. Vue des ruines de la porte St-Jean, à Rome.

301. Vue, au soleil couchant, des environs de Pouzolle, près de Naples.

302. Vue d'un chemin de chasse, dans la forêt de Fontainebleau.

Petit (Louis), né à Paris,
rüe du Faubourg-Poissonnière, nº. 92.

303. Un portrait d'homme.

304. Deux bas-reliefs, d'après nature, représentant des sujets d'enfans.

Peyron (Jean-François-Pierre), de la ci-devant Académie de peinture, élève du C. Lagrenée l'aîné,

305. Un dessin représentant la séduction.

Peytavin (Jean-Baptiste), né à Chambéry, élève du C. David.
rue de Babylone, nº. 696.

306. Phryné, accusée d'un crime capital, par Euthyas, est traduite devant l'Aréopage, pour y être jugée. Au moment où l'orateur Hypéride, son

défenseur, après avoir employé toutes les ressources de l'éloquence, sans avoir attendri les juges, qu'il voit tous disposés à la condamner à la mort, arrache, comme par inspiration, les vêtemens qui la couvrent, et abandonne à la beauté et aux larmes le succès de sa cause.

Pigeon (Robert), né à Rouen, y demeurant, élève de feu Descamps.

307. Deux dessins de paysages, faits d'après nature.

Pinchon (Jean-Antoine), élève des CC. Vincent et Augustin,
rue neuve Augustin, n°. 26, maison de M. Nanteuil.

308. Portraits, dont un en miniature, sous le même numéro.

Mlle *Pinson* (Isabelle),
à l'Hospice de l'Ecole de Médecine.

309. Une jeune Personne dans son atelier, regardant dans son porte-feuille.

Point,
rue du Coq-Honoré, n°. 135.

310. Un cadre renfermant plusieurs portraits en miniature.

Prévost (J.-L.), né à Nointel, élève de Bachelier,
quai Voltaire, n°. 13.

311. Un tableau de lilas.

312. Une esquisse à gouache.

Prévost (Pierre), né à Montigny, département d'Eure et Loire,
rue Christine, n°. 2.

Paysages.

313. Soleil couchant. } même numéro.
Un orage.

Reverchon (Xavier,) adjoint du Génie,
rue du Champ-Fleuri, hôtel de Bordeaux.

314. Quiberon.

Cette vue offre le tableau d'une des époques à jamais mémorables de la valeur française et de la perfidie anglaise. Ce gouvernement cruel, au nom duquel se faisait cette expédition, vint enfin recevoir le prix de ses affreux calculs, le 3 Thermidor an 3. Le général en chef, Hoche, mit le comble à sa renommée, en ordonnant l'attaque d'une presqu'île, défendue par 10,000 hommes, et soutenue par une flotte formidable.

L'attaque républicaine se fit par un tems affreux. Mais, comme rien ne résiste à nos troupes, ainsi qu'à nos généraux, cette forteresse fut prise d'assaut. Ainsi s'évanouirent les projets de destruction du coupable gouvernement anglais.

Le plan topographique indique les différentes attaques et les différens débarquemens qui précédèrent la prise de Quiberon.

Roehn (Adolphe), né à Paris,
rue Benoît, au coin de la grande rue Taranne.

315. Une parade de charlatans.
316. Deux petits tableaux, faisant pendans, et représentant deux corps-de-gardes hollandais.
317. Un tableau représentant des pêcheurs.

Roger (Pierre-Louis), élève du C. Regnault,
rue Grange-Batelière, n°. 3.

Dessins.

318. Zéphir enlevant Psyché endormie.
319. Portrait de mademoiselle R***.
320. Portrait du C. Rochat.
321. La séparation d'Ovide et de Julie, par ordre d'Auguste.

Roland (Jacques), né à Lille, département du Nord,
élève du C. David,
rue de Ventadour, n°. 3.

322. La sécurité de l'Innocence, ou l'Innocence en danger.

Mme. *Romance*, dite *Romany* (Adèle de),
élève de Regnault,
rue du Mont-Blanc, n° 21.

323. Portrait de l'auteur, avec ses deux enfans.
324. Portrait du C. Vigée.
325. Portrait d'une jeune personne et de son frère.

Roy (J.-Auguste), né à Paris, élève de J.-P. Lebas, graveur.
rue des Vieux-Augustins, n°. 30 et 228.

326. Plusieurs portraits dans un cadre.
327. Un autre séparé.

Sablet (Jacob), élève de Vien,
au Palais national des Sciences et des Arts.

328. Deux portraits, dont l'un de famille.

Saint-Martin (Alexandre Pau), élève des CC. le Prince et Vernet.
rue Roch-Poissonnière, n°. 25.

329. Vue de Paysage, prise dans le parc de Saint-Cloud, près le grand réservoir.
330. Vue des environs de Varennes. Paysage, idem.
331. Intérieur d'écurie, avec figures et animaux.

Le premier de ces tableaux appartient à l'auteur.

Sauvage (Piat-Joseph), élève de Guérard, d'Anvers,
au Palais national des Sciences et des Arts.

332. Deux petits bas-reliefs peints en porcelaine avec les couleurs du C. Dhil. L'un représente Minerve donnant une leçon de folie; et l'autre, Vénus donnant une leçon de sagesse.

Schmid (Jean-Joseph), né à Paris,
rue de Seine, n°. 1436.

333. Un paysage au coucher du soleil.

Seignoret, élève de Regnault,
rue Helvétius, n°. 66.

334. La seconde femme de Phocion étant un jour visitée par une dame ïonienne, à l'affectation de celle-ci de faire pompe d'une riche parure, et de la tenter par de précieux bijoux, l'athénienne répondit qu'elle s'estimait mieux parée par la gloire de son époux, qu'elle ne le serait par toute la magnificence asiatique.

Phocion est occupé à répondre aux offres du roi de Macédoine, par une lettre de refus.

Sujet donné; la plupart des personnages sont portraits obligés.

Senave (Jacques-Albert), élève du C. Suvée,
quai des Augustins, n°. 33.

335. L'épicière flamande, dans l'intérieur de son comptoir, débitant du thé à une femme de campagne.

336. Une jeune femme s'apprêtant à plumer un canard, sur ses genoux, environnée de ses enfans, de légumes, et d'ustensiles de cuisine.

337. Le fils de Covielle, à sa croisée, commençant ses parades pour débiter sa poudre d'argent.

338. La fruitière vendant du fromage de Brie.

Ces tableaux appartiennent à l'auteur.

Sicardi, né à Avignon, élève de son père,
rue du Petit-Bourbon, n°. 721.

339. Un cadre contenant plusieurs portraits en miniatures.

340. Un tableau représentant deux enfans allant jouer au cerf-volant. Portraits.

Soiron, né à Genève,
rue Montmartre, vis-à-vis la rue du Croissant.

341. Un cadre renfermant quatre émaux.
Savoir: Trois portraits et un vase de fleurs.

Swagers, né à Utrecht,
rue de l'Echiquer, n°. 36.

342. Marine et paysage, par un tems de pluie et de vent; vue des environs de la ville de Dordrecht.
Ce tableau appartient à l'auteur.

343. Une mer calme; vue des environs de Rotterdam.

344. Une petite marine, réprésentant un incendie occasionné par un orage.

Mme *Swagers* (Elisa),
rue de l'Echiquier, n°. 36.

345. Portrait de femme. Dessin au crayon noir.

346. Un portrait d'homme. Dessin au crayon noir.

Swebach (dit Fontaines),
faubourg Martin, n°. 179.

347. Un quartier de vivandiers, sur les derrières d'un camp.

348. Une course dans les environs de Long-Champ.

349. Un choc de cavalerie.

Thévenin (Charles), élève de Vincent,
au Palais national des Sciences et des Arts.

350. Prise de Gaëte par le général de division Rey, commandant l'avant-garde de l'armée de Naples, le . . . Nivôse an 7.

Le général Rey, fidelle à ses instructions, se présente devant Gaëte. Cette place défendue par 4,000 hommes, 70 pièces de canon 22 mortiers, etc. etc.... annonce qu'elle veut se défendre.

Le général Rey fait placer un obusier, fait jeter plusieurs obus dans la place; le désordre est bientôt dans la garnison: le général ennemi demande à capituler; on lui répond de se rendre, ou point de quartier: il obéit.

(Extrait d'une lettre du général Championnet, commandant en chef l'armée de Naples, datée de Calvi, le 25 Nivôse an 7.)

Tarenne (Georges),
rue des Deux Portes Sauveur.

351. Etude pour la carte topographique, à la plume.

Taurel (Jacques), du département du Var,
élève de Doyen,
rue du Faubourg-Poissonnière, n°. 13.

352. Une marine représentant un naufrage.

Ce tableau appartient à l'auteur.

Thiboust,
rue de la Lune, n°. 121.

353. Portrait de femme regardant à une croisée, et se garantissant du soleil avec son mouchoir.

354. La diseuse de bonne aventure.

Cet ouvrage appartient à l'auteur.

Ces tableaux sont peints sur porcelaine, avec les couleurs composées par le C. Josse, chimiste.

Vafflard (Pierre-Auguste),
élève du C. Regnault.

Tableau historique.

355. Arthémise et Mirza, princesses du sang royal, d'une des principales îles de la Grèce, aimaient Illissus, jeune homme d'une naissance distinguée; son cœur était tout entier à Mirza......... L'amour d'Arthémise augmentait en lui le dégoût qu'elle lui avait inspiré. Le mépris d'Illissus pour cette princesse excita en elle les plus violentes passions..... Pour se venger et punir sa rivale, elle fit poignarder son amant, et le fit transporter dans une des salles de son palais, où elle réservait à Mirza le dernier effet de sa vengeance. Elle la fit venir, et fit découvrir à ses yeux le cadavre de celui qui avait charmé son cœur. A cette vue, Mirza s'évanouit; et par un excès de sensibilité, perdit la vie en tendant les bras à son cher Illissus. Pour Arthémise, elle jouissait du succès de sa vengeance.

Mme *Valayer Coster.*

356. Un tableau, représentant du Gibier, un jambon, etc.

357. Deux tableaux de fleurs.

358. Un tableau représentant un petit bas-relief en terre cuite.

Valenciennes (Pierre-Henri),
né à Toulouse, élève de Doyen, et ci-devant académicien.

359. Un paysage, vue d'Italie, avec figures.

360. Autre paysage, avec figures.

361. Paysage, site d'Italie.

Van der Burch (Jacques-Edouard), né à Montpellier, élève de son père,
au Palais national des Arts et des Sciences.

362. Etude faite à Ermenonville.

Van Spaendonck (Corneille),
au Palais national des Sciences et des Arts.

363. Un tableau représentant un panier de fleurs sur une table de marbre, sur laquelle on voit différentes espèces de raisins, un ananas, des pêches, etc.

364. Autre, représentant des lilas et des roses jetés sur une table de marbre, où l'on voit un vase de la lave du Vésuve.

Van Gorp, né à Paris,
rue Honoré, vis-à-vis celle d'Orléans, n°. 203.

365. Plusieurs portraits, sous le même numéro.

V. N.

366. Plusieurs portraits sous le même numéro.

367. Portrait en miniature, de Mme. J. M.

Van der Lyn, né aux Etats-Unis,
élève du C. Vincent,
rue du Helder, n°. 20.

368. Plusieurs portraits, sous le même numéro, parmi lesquels se trouve celui de l'auteur.

Van Loo (César), de la ci-devant
Académie,
au Palais national des Sciences et des Arts.

369. Soleil couchant. Composition.

Ce tableau est un prix d'encouragement.

370. Clair de lune ; vue d'une ferme aux environs de Turin.

371. Matinée d'hiver ; le château de Mont-Calier, aux environs de Turin.

Ces deux derniers appartiennent à l'auteur.

Vasserot (Jean), né à Joigny, élève du
C. Valenciennes,
rue du Regard, n°. 810.

372. Un paysage au crayon noir, représentant des bergers allant au temple d'Apollon, et rencontrant le tombeau d'Amintas.

373. Un dessin, forêt et sujet de chasse.

Ces objets appartiennent à l'auteur.

Vernet (Carle),
aux Galeries du Musée.
Dessins.

374. La mort d'Hyppolite.
375. Un conducteur de char, venant de remporter le prix de la course, ramène avec lui sa compagne, à qui il laisse conduire ses coursiers.

Ces dessins vont être gravés de même grandeur.

Vien, fils (Joseph-Marie,) élève de son père et du C. Vincent.
place du Muséum.

376. Un portrait d'homme, grandeur naturelle, appuyé sur une table, tenant d'une main le *Journal des Arts*, et de l'autre ses lunettes.
377. Autre portrait, devant un appui de fenêtre.
378. Portrait de l'auteur.
379. Portrait de Mme Vien, son épouse : miniature à l'huile.

Vieilh Varenne,
rue Antoine, n°. 51.

380. Deux dessins de paysage à la pierre noire, sous le même numéro.

Mme *Vincent*, née Labille, (ci-devant Guiard), élève de son mari,
au Palais national des Sciences et des Arts.

381. Tableau, portrait de famille.

3 m. sur 2. m. un tiers.

Le C. D....., entouré de sa famille, s'occupe de l'instruction de son fils ; il met sous ses yeux les remarques de Vaillant sur des oiseaux d'Afrique. L'épouse du C. D.... quitte son ouvrage pour écouter la lecture, tandis que sa fille, qui jouait à la poupée, curieuse de voir les oiseaux, attire à elle le cahier. Son frère lui fait signe d'écouter leur père. Celui de madame D.... vient pour concourir à cette instruction, et s'arrête à considérer sa fille.

Vincent (Antoine-Paul), né à Paris,
Faubourg-Montmartre, n°. 63.

382. Un cadre renfermant plusieurs portraits en miniature.

Wallaert (Pierre), né à Lille,
rue Honoré, n°. 1436.

383. Le déluge.

Watelet, né à Paris, élève du C. Malbeste.

384. Paysage, site pittoresque au soleil couchant.
385. Effet de la pluie.
386. Autre paysage faisant pendant.

Willemin (C.-N.-X.), né à Euville, élève de Taillasson
et de Lagrenée jeune,
rue des Petits-Augustins, au Musée des
monumens français.

387. Un cadre renfermant une page de dessins à la plume, représentant des coiffures de femmes grecques, et une gravure de bijoux grecs, avec le prospectus de l'ouvrage de l'auteur, dont la 7e livraison va paraître sous quelques jours.

SCULPTURE.

Beauvallet, élève du C. Pajou,
au Palais national des Sciences et des Arts.

400. Une statue représentant la Force.

Elle est appuyée sur sa massue, et pose le pied sur un lion.

Boizot.

401. Portrait du premier consul.

402. Le génie victorieux de la France, présentant la paix. Modèle en plâtre.

Le portrait de Mme L..... sous la figure d'Uranie. Même numéro.

Bouvet (Claude), né à Paris,
âgé de 45 ans,
faubourg Martin, n° 199.

403. Le général consul Bonaparte, conduisant un char avec la rapidité d'un héros qui sait vaincre tous les obstacles. La victoire le couronne.

Bas-relief appartenant à l'auteur.

Un petit bas-relief représentant le premier consul. Même numéro.

Boyer (Jean-Louis),
rue Laurent, n° 8.

404. Un portrait. Terre cuite.

Bridan, père, professeur,
au Palais national des Sciences et des Arts.

Cinq figures, grandeur naturelle, en marbre.

Cinq autres figures de deux pieds de proportion, aussi en marbre.

La difficulté du transport des objets ci-dessus, oblige le C. Bridan à inviter les amateurs à venir les voir dans son atelier, au ci-devant Louvre, pavillon du Nord.

Son atelier sera ouvert pendant la durée de l'exposition des ouvrages modernes au Muséum, et aux mêmes heures.

Bridan (Pierre-Charles), né à Paris,
élève de son père.

405. Figure en plâtre, représentant l'Immortalité.

Chaudet (Denis-Antoine), né à Paris,
élève de Stouf,
au Musée, escalier de l'Ecole.

406 Têtes d'étude et portraits.

Mlle *Charpentier* (Julie),
aux Gobelins.

407. Portrait du C. François Montgolfier.

408. Petit médaillon ovale, en pierre de Tonnerre.

409. Buste en plâtre de Mme Scio.

Corbet (Charles-Louis), né à Douay,
élève de Berruer.

410. Le général Bonaparte, premier consul de la République, exécuté en marbre, par ordre du directoire, pendant l'expédition d'Egypte.

411. Latour-d'Auvergne-Corret, premier grenadier de la république, modelé sur les dessins faits d'après nature, par l'auteur.

Cartellier, né à Paris, élève de Bridan,
rue de Fleurus, n° 1388.

412. La guerre.

Fig. de 5 pieds de proportion, destinée à être exécutée en pierre à l'extérieur du palais du Sénat Conservateur.

Chardin (Sébastien), né à Paris,
cloître Benoît, n° 363.

413. Le C. Sicard, instituteur des sourds et muets.

414. Massieu, son élève, professeur.

Chinard, élève du C. Blaise.

415. La reconnaissance d'Andromède délivrée par Persée. Groupe en plâtre.

416. La justice. Figure en plâtre.

417. Plusieurs portraits sous le même numéro.

418. Diane préparant ses traits, buste ressemblant à Mme Verninac, épouse du préfet du département du Rhône.

Couasnon, élève de Deshayes,
rue de Thionville, n° 45.

419. Plusieurs bustes sous le même numéro.

420. Buste de Mlle Maillard, artiste du théâtre des Arts. Buste demi nature.

Deseine.

421. Le buste en marbre, de Winckelmann.

422. Les bustes en plâtre, d'Héloïse et d'Abeilard.

Ces ouvrages sont destinés au Musée des monumens français, aux Augustins.

Delaistre (Nicolas),
faubourg Martin, n° 37.

423. Portrait de Mlle L. V. Modèle en plâtre grand comme nature.

Esquisses.

424. La Paix.

425. Une Minerve tenant une branche d'olivier.

Dumont,
au Palais national des Sciences et des Arts.

426. La Liberté.

Elle tient d'une main, pour attribut une pique surmontée d'un bonnet, emblême de la liberté conquise par la valeur ; de l'autre elle s'appuie sur une petite statue de Minerve, symbole des vertus et de la sagesse.

Cette figure est le prix d'un concours national accordé en l'an 2.

427. Le buste du général Marceau.

Il doit être exécuté en marbre pour la galerie des consuls.

Duret,
rue de Vaugirard, n° 1194.

428. Figure assise; elle représente le Tems tenant un bouclier sur lequel est une allégorie.
429. Tête de vieillard, portrait en plâtre.
430. Deux esquisses représentant des trophées d'armes, sous le même numéro.

Francin (Guillaume), élève de Coustou
et de son père,
au Palais national des Sciences et des Arts.

431. Amiot (Jacques), évêque d'Auxerre, né à Melun, le 3 octobre 1514, mort le 6 février 1593, âgé de 79 ans. Buste en plâtre.

Gois père,
professeur des écoles spéciales de peinture
et sculpture, membre de la Société libre des sciences,
lettres et arts de Paris, et du Lycée des arts.

432. Une jeune fille jouant de la flûte.
433. Plusieurs dessins de composition, sous le même numéro.

Gois (E.-E.-F.) fils, élève de son père,
au Palais national des Sciences et dés Arts, n° 9.

434. Les trois Horaces. Groupe exécuté en plâtre.

Après avoir prêté le serment sur l'autel, ils partent pour combattre les Curiaces. L'aîné des Horaces exhorte ses frères à soutenir dignement le grand intérêt confié à leur valeur. Mais le plus jeune était l'amant d'une des sœurs des Curiaces contre lesquels il allait combattre; il détourne la tête, et se montre plus lent dans sa démarche.

Cet ouvrage appartient à l'auteur.

435. La Victoire, grande figure.

Cette statue est un prix d'encouragement; elle appartient au Gouvernement.

436. Buste en marbre de Gustave-Adolple.

Destiné pour la galerie des consuls.

Quatre portraits sous le même numéro.

Henriet (Paul), né à Paris, élève du C. Vallée, rue de Jouy, n° 30.

437. Deux ovales représentant un oiseau défendant ses petits de l'approche d'un serpent. Les colombes de Vénus sous le flambeau de l'hymen, bronzes, sous le même numéro.

Houdon, membre de l'institut national.

438. Plusieurs bustes en marbre et en plâtre, sous le même numéro.

Lorta,
rue de Sèvres, n° 1901.

439. Hercule, en repos, tenant dans la main les pommes conquises au jardin des Hespérides. Fig. de bronze.

440. Le buste, en plâtre, d'Helvétius.

Le Sueur (J.-P.), né à Paris,
au Palais national des Sciences et des Arts.

Bas-relief.

441. Une figure de femme endormie, sous les traits de Mlle Joly, actrice du Théâtre-Français. Modèle en plâtre.

Il est destiné à être exécuté sur son tombeau.

Pajou (Augustin), membre de l'institut national,

442. Buste, en plâtre, d'un jeune homme; grandeur naturelle.

Petitot (Pierre), né à Langres,
faubourg Martin, n° 204.

443. Groupe en marbre, représentant un tombeau sur lequel une mère pleure son fils, et l'amour filial caractérisé par sa fille, à ses genoux.
444. Buste, en terre cuite, de la jeune personne représentée dans le monument.
445. Un médaillon en cire, *idem*.

Renaud (Jean-Martin), né à Sarguemines,
rue du Helder, n° 20.

446. Un cadre contenant dix sujets: l'éclipse de soleil, deux esquisses, Timoclée devant Alexandre et la continence de Scipion, portrait du fils de l'auteur, une jeune fille, une tête de satyre, trois petites scènes familières.
447. Vénus jouant avec l'Amour.
448. Portrait de la femme de l'auteur.

Roland (Philippe), né à Hesse,
élève de Pajou.

449. Le buste en marbre du C. Pajou, statuaire.

Sigisbert,
rue de la Ville l'Evêque, n° 991.

450. Deux lions, modèle en plâtre, dans le goût de l'antique, qui pourraient servir à la décoration d'un portique, au bas d'un escalier.

Stouf.

451. Statue, en marbre, de Michel Montaigne exécutée pour le gouvernement. Proportion de 2 mètres.

L'artiste a représenté le philosophe français dépouillé des habits de son siècle. Montaigne occupé toute sa vie à la recherche de la vérité, et appliqué à la connaissance de l'homme, qu'il étudia dans lui-même, est caractérisé par le miroir, symbole de la vérité, de la prudence et de la science, et par sa devise favorite, surmontant la balance du scepticisme, *que sais-je*? Montaigne a dit, en parlant de lui, qu'il aimait à se voir *nu*, et que la coutume d'aller nu n'a rien de contraire à la nature; l'artiste en a profité pour la statue, qui est son apothéose: les Grecs et les Romains ont consacré cet usage par des chefs-d'œuvre. Montaigne est appuyé sur les livres qu'il a écrits. Son traité de l'amitié a donné lieu à l'emblême de la vigne mariée à l'ormeau, que l'on voit en bas-relief sur l'un des côtés du piédestal auquel la statue est adossée ; et son éducation a motivé le principal bas-relief, où l'on voit une femme réveillant au son de la guitare, l'enfant dormant au berçeau.

Montaigne naquit en 1533, dans le Périgord, aujourd'hui département de la Dordogne. Il fut élu maire de Bordeaux, en 1581, après le maréchal de Biron. Il avait étudié sous Grouchy, Guérente, Buchanam et Muret. Il parut avec éclat aux Etats de Blois. Il mourut en 1592, à 60 ans. Montaigne s'est peint dans ses Essais. Bernardin-de-Saint-Pierre l'a justement appelé le père de la philosophie en France, le Plutarque français.

Mme *Windisch*, née à Mayence,
rue Claude, n° 349.

452. Trois groupes de fleurs, en biscuit.
Ils appartiennent à l'auteur.

ARCHITECTURE.

Davy-Chavigné,
ci-devant auditeur des comptes,
amateur d'architecture, élève du C. Vial, architecte,
demeurant île St-Louis, n° 10.

500. Plan, élévation et détails d'un pont en fer coulé, destiné à rétablir la communication entre l'île Saint-Louis et la Cité, et à servir de monument public à la gloire des armées françaises.

Voyez l'explication jointe au projet.

Delagardette,
pensionnaire à l'École des arts, à Rome,
élève du C. David le Roy.

501. Un cadre contenant quatre projets de monumens, en l'honneur des braves guerriers qui se sont signalés dans les combats; présentés au concours des colonnes départementales.

La surface de chacun de ces monumens est divisée en autant de parties, qu'il y a de cantons dans le département. Au-dessous du nom du canton se lisent ceux des braves de son arrondissement.

Détournelle.
rue de la Roquette, n° 42.

502. Plan général et élévation d'une caserne de cava-

lerie, au-dessous de la garre, propre à loger 1200 cavaliers et 1500 chevaux.

503. Elévation et coupe d'un des bâtimens de cette caserne.

504. Détails de la charpente de Philibert-de-l'Orme.

505. Monument projeté à la gloire de cet architecte.

506. Projet d'un manége couvert.

Duhameau (C.-P.-R.), architecte des travaux publics,
rue Projetée, n° 802.

507. Projet d'une maison de détention, pouvant contenir huit cents condamnés, logés séparément, et occupés, pendant leur détention, à différens travaux.

La description est jointe au projet.

Gisors (A.-J.-B.-G.), architecte des bâtimens du corps législatif, élève du C. Chalgrin,
rue de la Michodière, n° 7.

508. Un projet d'opéra à exécuter sur les constructions de la Magdeleine, dans trois cadres.

509. Projet de restauration des supports de la tour du dôme du Panthéon français.

Le Grand (J.-G.), architecte des travaux publics, né à Paris, élève du C. Clérisseau.

510. Monument à ériger dans la commune de Toulouse, à la gloire du chef de brigade Dupuy, mort les armes à la main au Caire, et à celle de la 32me demi-brigade qu'il commandait.

Moreau (C.).

511. Œuvre d'Architecture, faisant suite à l'œuvre de Degodets.

512. Projet de la colonne nationale, faisant partie de ceux qui sont maintenant au concours.

Normand (Charles), pensionnaire de la République, rue du Parvis Notre-Dame, n° 9.

513. Modèle d'une colonne départementale, projetée pour Melun, chef-lieu du département de Seine-et-Oise.

Deux cadres renfermant des plafonds arabesques gravés à l'eau-forte. Même numéro.

Petit Radel, inspecteur-général des bâtiments civils, rue de la Cerisaie, n° 16.

514. Vue intérieure d'un temple égyptien.

515. Vue d'une galerie précédant une naumachie.

516. Destruction d'une église, style gothique, par le moyen du feu.

Pour éviter les dangers d'une pareille opération, on pioche les piliers à leurs bases sur deux assises de hauteur; et à mesure que l'on ôte la pierre, l'on y substitue la moitié en cube de morceaux de bois sec, ainsi de suite; dans les intervalles, l'on y met du petit bois, et ensuite le feu. Le bois, suffisamment brûlé, cède à la pesanteur; et tout l'édifice croule sur lui-même en moins de dix minutes.

L'auteur a voulu présenter, dans ces trois tableaux, le parallèle des architectures romaine, égyptienne et gothique.

GRAVURE.

Berthault (Pierre), né à St.-Maur, département de la Seine,
rue Louis au Marais, n° 147.

600. Quatre vues de Paris, d'après les dessins du C. Lespinasse, savoir :
Celle du Port-au-Bled, du port St.-Paul, du Pont-Neuf au pont ci-devant Royal, et de celui-ci au Pont-Neuf.

Blot (Maurice), né à Paris,
rue des Moulins, près celle Thérèse.

601. Le jugement de Pâris.

Bouillard,
rue Thomas, n° 720.

602. La Sainte Famille, d'après Annibal Carrache.
603. Poliphile présentée à Eleuthérilide.
604. Borée et Orythie.
605. Daphné et Apollon.
606. Portrait de Bartolozzi.
607. Philippe II et sa maîtresse.
608. L'amour taillant son arc.
609. Vénus qui se peigne.
610. Portrait de Rouché.
611. Portrait du C. Petit Radel.

Caraffe.

612. Le criminel vis-à-vis de lui-même.
A l'eau-forte.

Cathelin (Louis-Jacques), né à Paris,
membre de la ci-devant Académie,
élève de Lebas,
rue de l'Arbre-Sec, n° 188.

613. Esseid-Aly-Effendy, ambassadeur de la sublime Porte-Ottomane.
614. Portrait de Nicolas Poussin, peint par lui-même.
615. Portrait de Buffon.
616. Portrait de Bernard de Jussieu.

Coqueret (P.-C.),
rue de Surenne, n° 1386.
Portraits gravés à la roulette.

617. Le général Monnier.
618. Le général Marbot.

Darcis,
rue Montmartre, n° 110.

619. La brouille. } d'après Guérin.
620. Le raccommodement. } d'après Guérin.

Fosseyeux, né à Paris, élève de
Moreau le jeune,
rue des Carmes, n° 27.

621. Portrait en pied de Fernand Cortez, pour la galerie d'Espagne.

Godefroy (J). élève de Simon,
rue des Brodeurs, n° 848.

622. La fausse apparence, d'après Schalle.
623. Une petite fille qui fait lire son chien d'après Mme Chaudet.
624. Plusieurs gravures d'après Gérard, Prud'hon, etc., sous le même numéro.

Hubert, élève de Beauvarlet.

625. La crèche, d'après Murillos.

Jeuffroy, né à Rouen,
rue des Tournelles, n° 85.

626. Un cadre renfermant plusieurs gravures en pierres fines.

Mlle *Janinet*, (S.)

627. L'abondance, gravée en manière de bronze, d'après Sauvage.
628. Portrait du consul Bonaparte, au lavis.

Lelièvre, élève de Taraval.
rue de Malte, n° 13.

629. Un cadre renfermant plusieurs objets gravés en rélief, sur pierres fines.

Masquelier (L.-J.), élève de feu Lebas,
rue de la Harpe, n° 493.

630. Un cadre renfermant quatre estampes ;

Savoir :

D'après Vernet. { La bataille de Millesimo, 24 Germinal an 4.
Celle de Mondovi, 3 Floréal an 4.
Entrée des Français dans Milan.

631. La réception de Mirabeau au Champs-Elysées. d'après Moreau, le jeune.

Massard (J.-B.-R.-U.),
rue Hyacinthe, n° 674.

632. Deux gravures, sujets tirés de la tragédie d'Andromaqùe. La première représente la 2e scène du 2e acte, entre Oreste et Hermione.

HERMIONE.

Enfin, qui vous a dit que, malgré mon devoir,
Je n'ai pas souhaité quelquefois de vous voir ?

ORESTE.

Souhaité de me voir ! ah ! divine princesse...
Mais, de grâce, est-ce à moi que ce discours s'adresse ?
Ouvrez vos yeux, songez qu'Oreste est devant vous !

La 2e, la 3e scène du 5e acte entre les mêmes.

ORESTE.

Vous seule avez poussé les coups.....

HERMIONE.

Tais-toi, perfide,
Et n'impute qu'à toi ton lâche parricide.
Vas faire chez tes Grecs admirer ta fureur;
Vas, je la désavoue, et tu me fais horreur.

Massard, fils aîné (J.-B.-L.), élève de son père
rue de Thionville, nº 27.

633. Madeleine pénitente, d'après Ségers.
634. La Paix, précédée de la Renommée, et guidée par la Victoire, amenant Bonaparte sur le sol français. Allégorie.

Mercoli (Michel-Ange), né à Milan,
élève du C. Bacler-Dalbe,
rue des Moulins, nº ,542.

635. Le passage du Pô à Plaisance, par l'armée française, le 18 Floréal an 4.

Miger, membre de la ci-devant Académie.
rue de la Bucherie, nº 5.

636. Le chameau.
637. L'ours polaire, ou maritime.
638. L'autruche (le mâle).
639. Le casoar.

Ces quatre estampes forment la première livraison d'un ouvrage grand in-folio, qui est sous presse.

640. L'éléphant mâle.

Cette estampe entrera dans la deuxième livraison dudit ouvrage.

641. Un portrait.

Morel, né à Paris,
rue de la Patrie, nº 2.

642. Bélisaire, d'après le tableau du C. David

Piranesi (François), né à Rome,
rue de l'Université, n° 296.

643. Six estampes représentant des statues antiques et des vues d'architecture, faisant partie de la collection de planches, en 23 volumes, qu'il a apportée de Rome.

Rambert-Dumarest, né à Saint-Etienne,
quai de l'École, n° 14.

644. Un cadre renfermant des médailles.

Ransonnet (Pierre-Nicolas),
rue du Figuier, n° 43.

645. L'École clinique de médecine.

Simon (Henri),
professeur de l'École nationale de gravure,
rue de l'Université, maison d'Aiguillon.

646. Portrait du premier consul, gravé sur une grande cornaline, et plusieurs autres objets en pierres précieuses, sous le même numéro.

Troll (Henri), né à Winterlhour,
en Helvétie,
rue du Batoir, n° 6.

647. Vue du lac de Walleustadt.
648. Vue du lac des Quatre-Cantons.
649. Chûte du Rhin.

Vieilh-Varenne, né à Paris,
élève du C. Vien,
rue Antoine, n° 51, vis-à-vis les Messageries.

650. Une estampe, d'après Potain, gravée à l'eau-forte, par Berteau; au lavis, par Alix; le trait rentré au burin, par Vieilh-Varenne.

On trouvera aussi chez le C. Vieilh-Varenne, cette estampe imprimée en noir.

Viel (Pierre), né à Paris, élève de
B.-L. Prévost
rue Victor, n° 20.

651. La mort d'Adonis, d'après P. Véronèse, un des sujets de la galerie d'Espagne.

SUPPLÉMENT.

PEINTURE.

Beaurepaire (Mme) élève d'Augustin,
rue de Cléry, n° 67.

700. Un portrait de femme avec son enfant. Miniature.

Belloni, élève de Nicolas Devechis.
Peinture en mosaïque.

Un cadre renfermant diverses mosaïques, savoir :

701. Un chien de chasse dans un paysage.
702. Un Amour qui joue de la lyre, assis sur un lion.
703. Une Diane en camée.
704. Un Bacchus en camée.
705. Un vase décoré de figures étrusques.
706. Une menade étrusque.
707. Un satyre, *idem.*

Bidault (J.),
maison d'Angiviliers, rue de l'Oratoire.

708. Un paysage.

Delestres (Caroline),
maison d'Angiviliers, rue de l'Oratoire.

709. Un tableau de famille.

Dubois (Frédéric),
place des Victoires, n° 27.

710. Un cadre renfermant des miniatures.
711. Un portrait de femme, aux crayons de couleur.

Ducreux.

712. Portrait du C. Bitaubé, membre de l'institut.
713. Mme Robierre.
714. Le C. Robierre.

Dufau, né au Port-au-Prince,
élève de David,
rue J.-J.-Rousseau, maison Bullion.

715. Le comte Ugolin et ses quatre fils condamnés à mourir de faim dans une tour, par l'ordre de Roger, archevêque de Pise, après les guerres civiles des Guelphes contre Nino Visconti.
Sujet tiré de l'Enfer du Dante, Chant 33.

Grobon, de Lyon, département du Rhône,
rue du Bacq, n° 618.

716. Un paysage représentant l'intérieur d'une grotte.
717. Un tableau représentant un remouleur.
718. Un moulin à eau.

Henry, de Versailles, élève de Regnault, rue neuve des Petits-Champs, n° 10.

719. Un portrait de femme.

Le Gros (F.-A.), élève de Swebach, rue et vis-à-vis le Temple, n° 126.

Peinture sur porcelaine

720. Le 1er consul Bonaparte à cheval.
721. Portrait du général Lasnes à cheval.

Schell, rue du Marché-neuf, n° 9.

722. Un paysage historique.

La sybille interrogée par Enée, lui indique le chemin des enfers par lequel il doit descendre pour aller chercher le rameau d'or.

Taillasson, (J.-J.) né à Bordeaux, élève du C. Vien, au Palais national des Sciences et des Arts.

723. Andromaque offrant des dons funèbres à la cendre d'Hector.

« Andromaque offrait des dons funèbres à la » cendre d'Hector, près de la ville de Buthrote, » dans un bois sacré qu'arrosait un ruisseau, au- » quel elle avait donné le nom de Simoïs. C'est » là qu'elle appelait les manes de son cher Hec- » tor, à qui elle avait élevé un tombeau de ga- » zon au milieu de deux autels : triste objet

» qui entretenait sa douleur et faisait sans cesse
» couler ses larmes. »

Enéïde, liv. III.

Ce tableau est un des travaux d'encouragement.

Taunay (Nicolas-Antoine), né à Paris.
élève de Casanova,

724. Un petit paysage. Coup de vent.

725. Des hommes et des femmes allant puiser de l'eau à une fontaine.

Ces deux tableaux appartiennent à la Société des amis des arts.

SCULPTURE.

Roland (Philippe) né à Lille,
élève de Pajou,
au Palais national des Sciences et des Arts.

800. Le buste en marbre du C. Pajou père.

Thierret, ciseleur, élève du C. Monnot,
rue de Belleville, passé la barrière neuve, n° 299.

801. Un portrait d'enfant, modèle exécuté en bronze par le même.

ARCHITECTURE.

Bourjot, architecte, et aide de camp
du général Miranda, à l'armée du nord.

900. Un grand paysage d'architecture, représentant un

pont construit entre deux rochers, communiquant à une grande ville.

901. Deux intérieurs ; vues perspectives de prison, lavées à l'encre de Chine.

GRAVURE.

Boutrois (Philibert) dessinateur et graveur, rue du Marché-Palu, n° 9.

1000. Plusieurs cadres renfermant des gravures faisant partie de l'ouvrage intitulé *Galerie antique*. Elles doivent composer les 8me et 9me livraisons sur le point de paraître.

Le C. J.-B. Heluis, dessinateur et graveur, rue du Cherche-Midi, n° 776. Même numéro.

Différentes feuilles appartenantes au même ouvrage.

Jacquinot (Louise), née à Paris, élève de Delaunay jeune.

1001. Portrait du C. Edme-Sébastien Jeaurat, gravé d'après le dessin du C. Gois père, sculpteur.

FIN.

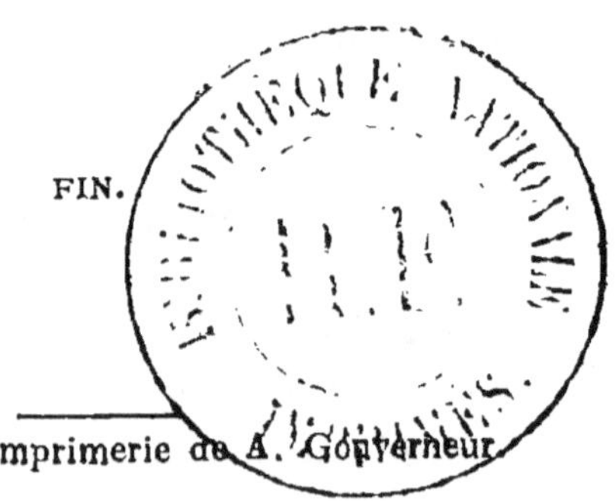

Nogent-le-Rotrou, imprimerie de A. Gouverneur.

www.ingramcontent.com/pod-product-compliance
Lightning Source LLC
LaVergne TN
LVHW020425230826
846091LV00004B/1409